Colores/
Colors

Anaranjado/Orange

Mira el anaranjado que te rodea/Seeing Orange All around Us

por/by Sarah L. Schuette

Asesora literaria/Reading Consultant:
Dra. Elena Bodrova, asesora principal/Senior Consultant,
Mid-continent Research for Education and Learning

Capstone
press

Mankato, Minnesota

A+ Books are published by Capstone Press,
151 Good Counsel Drive, P.O. Box 669, Mankato, Minnesota 56002.
www.capstonepress.com

1 2 3 4 5 6 13 12 11 10 09 08

Library of Congress Cataloging-in-Publication Data
Schuette, Sarah L., 1976–
    [Orange. Spanish & English]
    Anaranjado : mira el anaranjado que te rodea = orange : seeing orange all around us / por Sarah L. Schuette.
    p. cm. — (A+ books. Colores)
    Includes index.
    ISBN-13: 978-1-4296-0008-8 (hardcover : alk. paper)
    ISBN-10: 1-4296-0008-X (hardcover : alk. paper)
    1. Orange — Juvenile literature. I. Title. II. Series.
QC495.5.S36518 2008
535.6 — dc22   2006100201

Created by the A+ Team
Sarah L. Schuette, editor; Heather Kindseth, designer; Gary Sundermeyer, photographer;
    Nancy White, photo stylist; Dr. Martín Luis Guzmán Ferrer, translation services;
    Eida del Risco, Spanish copy editor; Katy Kudela, bilingual editor; Mary Bode,
    book designer

A+ Books thanks Michael Dahl for editorial assistance.

Note to Parents, Teachers, and Librarians

The Colores/Colors set uses full-color photographs and a nonfiction format to introduce children to the
world of color. *Anaranjado/Orange* is designed to be read aloud to a pre-reader or to be read independently
by an early reader. Photographs and activities help early readers and listeners understand the text and
concepts discussed. The book encourages further learning by including the following sections: Table of
Contents, Glossary, Internet Sites, and Index. Early readers may need assistance using these features.

Table of Contents

Tabla de contenidos

Orange Foods/
Alimentos anaranjados

4

Orange is bright.
Orange is round.

El anaranjado es brillante.
El anaranjado es redondo.

Carrots are vegetables that grow under the ground. We eat the root of the carrot plant.

Las zanahorias son verduras que crecen bajo tierra. Nosotros comemos la raíz de la planta de la zanahoria.

Orange grows under the ground.

El anaranjado crece bajo tierra.

Orange pumpkins grow on vines that twist along the ground. You can scoop out pumpkin seeds and carve faces in pumpkins.

Las calabazas anaranjadas crecen en enredaderas que se retuercen por la tierra. Tú puedes hacer un hueco en la calabaza y tallar una carita.

Orange plumps
up in a patch.

El anaranjado va
poniéndose regordete
en el huerto.

9

Softball and baseball players catch balls in orange leather gloves. A good glove keeps players from hurting their hands.

Los jugadores de béisbol y sóftbol agarran la pelota con guantes anaranjados. Un buen guante impide que los jugadores se hagan daño.

Orange makes a winning catch.

El anaranjado logra la jugada ganadora.

Orange floats down
from the trees.

Some leaves turn orange in the fall. The leaves dry up before falling off the tree.

Algunas hojas se ponen anaranjadas en el otoño. Las hojas se secan antes de caerse de los árboles.

El anaranjado cae de los árboles.

13

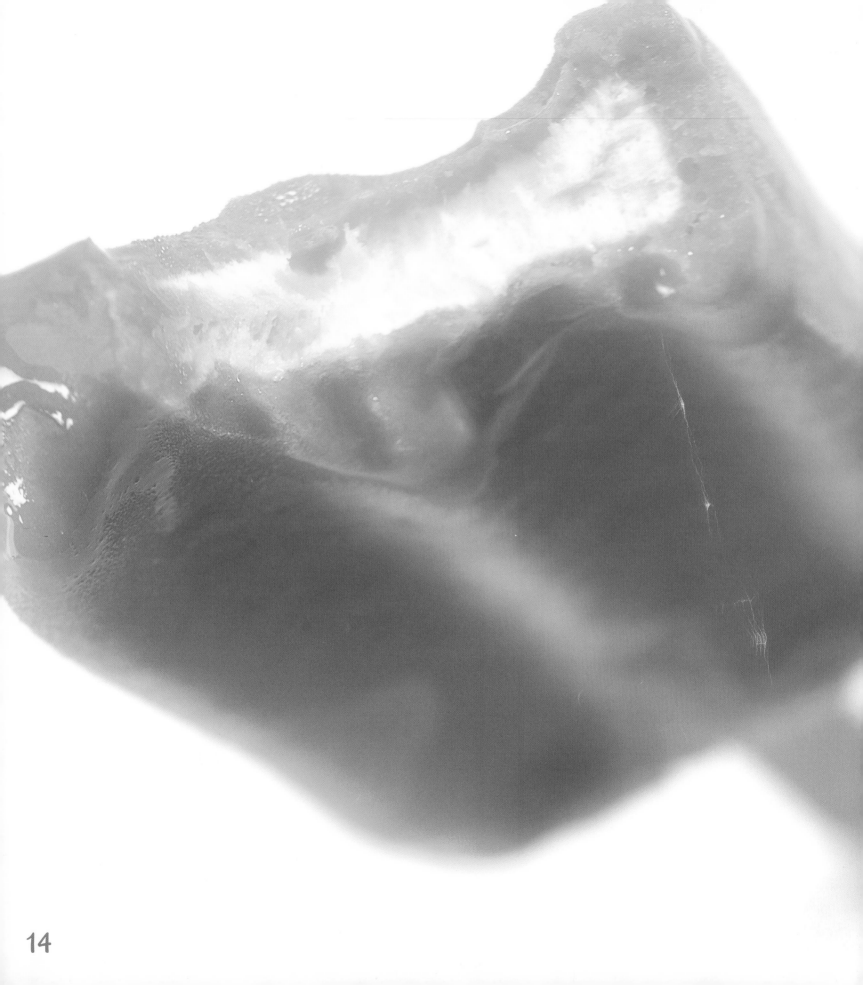

Frozen orange treats taste good in warm weather. They melt in your mouth and cool you down.

Los helados anaranjados se saborean cuando hace calor. Se derriten en tu boca y te refrescan.

Orange can melt.
Orange can freeze.

El anaranjado puede derretirse.
El anaranjado puede congelarse.

Monarch butterflies are insects with four orange wings. These butterflies flap their wings slowly. They flutter through the air.

Las mariposas monarca son insectos con cuatro alas anaranjadas. Estas mariposas aletean suavemente. Revolotean en el aire.

Orange flutters
above the grass.

El anaranjado
revolotea sobre
la hierba.

Orange shows cars
that they can pass.

Bright orange is an easy color to see. Orange cones help drivers pass by work areas safely.

El anaranjado es un color fácil de ver. Las señales anaranjadas ayudan a los conductores a pasar sin peligro por los lugares donde hay trabajadores.

El anaranjado les dice a los autos que pueden pasar.

Orange can spin.
Orange can bounce.

El anaranjado puede
girar. El anaranjado
puede rebotar.

The first basketball looked like a soccer ball. Today, most basketballs are orange.

Las primeras pelotas de baloncesto se parecían a las pelotas de fútbol. Hoy la mayoría son anaranjadas.

Tigers have orange and black stripes. Each tiger has its own pattern of stripes.

Los tigres tienen rayas anaranjadas y negras. No hay dos tigres con el mismo patrón de rayas.

Orange can prowl.
Orange can pounce.

El anaranjado puede acechar.
El anaranjado puede saltar.

Orange gives us
crunchy snacks.

El anaranjado puede ser
una crujiente merienda.

24

Crunchy orange snacks taste like cheddar cheese. Cheddar cheese is orange and is made from cow's milk.

Esta crujiente merienda anaranjada sabe a queso cheddar. El queso cheddar es anaranjado y se hace de leche de vaca.

Orange paddles.
Orange quacks!

El anaranjado chapotea.
¡El anaranjado hace
cuac cuac!

Making Orange/Haz anaranjado

Artists use a color wheel to know how to mix colors. Yellow, red, and blue are primary colors. They mix together to make secondary colors. Orange, purple, and green are the secondary colors they make. You can make orange by mixing yellow and red.

color wheel/
círculo de colores

Los artistas usan un círculo de colores para poder mezclar los colores. Los colores primarios son azul, rojo y amarillo. Se mezclan entre sí para formar los colores secundarios. Así se forman colores secundarios como el anaranjado, el morado y el verde. Tú puedes formar anaranjado si mezclas amarillo con rojo.

You will need

2 spoonfuls of ketchup

1 large zipper-closure
   plastic bag

2 spoonfuls of mustard

Necesitarás

2 cucharadas de catsup

1 bolsa grande de plástico
   con cremallera

2 cucharadas de mostaza

1 Put the ketchup into the bag.

1 Pon el catsup en la bolsa.

2 Next, put the mustard into the bag. Zip the bag closed.

2 Después, pon la mostaza en la bolsa. Ciérrala.

3 Press your finger on top of the bag and mix the two colors together. See what shapes and designs you can make with orange in your bag.

3 Presiona tu dedo en la parte de arriba de la bolsa y mezcla los dos colores. Mira las formas y diseños que puedes hacer con el anaranjado de tu bolsa.

29

Glossary

butterfly — an insect with wings; butterflies can be many colors; there are more than 10,000 types of butterflies living in the world.

insect — a small animal with a hard outer shell, three body sections, and six legs; some insects have wings.

patch — a small area of ground used for growing things; people plant pumpkin seeds in a patch.

pattern — a repeating set of colors, shapes, or designs; no two tigers have the same pattern of stripes.

plump — to become fat or round in shape; ripe pumpkins are orange; they plump up when they are ready to be picked.

prowl — to move around quietly while looking for prey; tigers move very quietly in order to catch other animals to eat.

vine — a plant with a long stem that grows along the ground; vines can be leafy and green or woody and brown.

Internet Sites

FactHound offers a safe, fun way to find Internet sites related to this book. All of the sites on FactHound have been researched by our staff.

Here's how:

1. Visit *www.facthound.com*
2. Choose your grade level.
3. Type in this book ID 142960008X for age-appropriate sites. You may also browse subjects by clicking on letters, or by clicking on pictures and words.
4. Click on the Fetch It button.

FactHound will fetch the best sites for you!

Glosario

acechar — moverse silenciosamente en busca de una presa; los tigres se mueven silenciosamente para poder atrapar los animales que se comen.

la enredadera — planta de tallo largo que puede arrastrarse por el suelo; las enredaderas pueden ser frondosas y verdes o con ramas marrones.

el huerto — superficie pequeña de tierra que se usa para cultivar; las personas siembran semillas de calabaza en un huerto.

el insecto — animal pequeño con un caparazón exterior duro, cuerpo en tres secciones y seis patas; algunos insectos tiene alas.

la mariposa — insecto con alas; las mariposas pueden ser de muchos colores; hay más de 10,000 tipos de mariposas en el mundo.

el patrón — un grupo de colores, formas o diseños que se repiten; no hay dos tigres con el mismo patrón de rayas.

regordete — gordo o redondo; las calabazas maduras son anaranjadas; se ponen regordetas cuando están listas para recogerse.

Sitios de Internet

FactHound te brinda una manera divertida y segura de encontrar sitios de Internet relacionados con este libro. Hemos investigado todos los sitios de FactHound. Es posible que algunos sitios no estén en español.

Se hace así:
1. Visita *www.facthound.com*
2. Elige tu grado escolar.
3. Introduce este código especial 142960008X para ver sitios apropiados a tu edad, o usa una palabra relacionada con este libro para hacer una búsqueda general.
4. Haz un clic en el botón Fetch It.

¡FactHound buscará los mejores sitios para ti!

Index

Índice